Blue Hotel 2004
Cover, BBK München

Camouflage (Archiv) 1998-2006
Umschlaginnenseite vorne *cover inside*

ISBN 3-88960-083-2

Paradise Lost Ortstermine '05, München
Anhänger, Alukonstruktion, Hohlkammerplatten,
Lkw-Plane, Pflanzen, LED-Beleuchtung, Solarzelle
*alu-construction, plastic-hollowchamberpanel,
truck-awning, plants, led-lights, solar panel*

Zelte und Kapseln
Nomadische Skulpturen von Stefan Wischnewski

Dr. Susanne Meyer-Büser

Auf dem Stachus steht eine Raumkapsel. Gelandet im Herzen Münchens, umgeben von hektischer Einkaufslaune. Leute kommen vorbei, schlendernd oder hastend, versuchen einen Blick in das Innere des undefinierbaren Objekts zu werfen. Der Fremdkörper inmitten der Stadt löst aber keine panischen Anfälle aus, denn „gelandet" kann dieses monströse Ding nicht sein, ist es doch zu offensichtlich von Menschenhand gebaut und hingestellt worden.

Eine wabenförmige Alukonstruktion verbindet zahlreiche halbtransparente Hohlkammerplatten, die zwei kleine Türme formulieren. Eine kreisrunde Öffnung, die an der vorderen Seite einer der Türme angebracht ist, besteht aus Lkw-Plane und bietet in der Mitte eine Durchsicht ins Innere des Gefährts. Schaut man hinein, erblickt man ein kleines, ordentlich angelegtes Beet, bestehend aus Geranien, Buchsbaum, Rasen und anderem Grünzeug. Wie es sich in einer traditionellen Gartenanlage gehört, geben zwei Waschbetonplatten der tristen Möblierung die i-Tüpfelchen. Flögen Außerirdische über Deutschland hinweg und würde man sie bitten, ihre Eindrücke von Landschaftsgestaltung und Kleingartenarchitektur wiederzugeben, nähmen graue Waschbetonplatten sicher einen vorderen Platz auf der Beschreibungsliste ein.

Tents and Capsules
Nomadic Sculptures by Stefan Wischnewski

There is a space capsule on the Stachus square. It has landed in the heart of Munich, surrounded by the hustle and bustle of shoppers. People stroll or rush by and try to cast a glance inside the indefinable object. But the foreign object in the middle of the city does not cause any panic attacks, for this monstrous thing cannot have 'landed'; quite obviously, it has been built-and placed there by the hand of man.

A honey-comb shaped aluminium structure joins many semi-transparent hollow-section plates together that form two small towers. A circular opening on the front side of one of the towers is made of a lorry tarpaulin; it has a window in the middle, enabling visitors to look inside the vehicle. There, they see a small, neatly arranged flower bed with geraniums, box trees, grass, and other plants. Two washed-concrete plates - no traditional garden can do without them - add the finishing touch to the dreary bits and pieces. If extraterrestrials would fly across Germany and describe the landscape designs and allotment-garden architecture they saw, grey washed-concrete plates would be the first thing they would mention, for sure.

Auch die Pflanzenauswahl im Inneren des gestrandeten Raumschiffs gibt ein geschmackliches Summenbild des deutschen Vorstädters ab:
Der Künstler Stefan Wischnewski hat eigens seine Eltern gebeten – als potentielle Musterexemplare der durchschnittlichen Landesbewohner – ein Päckchen mit Pflanzen aus dem heimatlichen Garten zusammenzustellen.
Außerdem stammen der Rasen von der Bundesgartenschau 2005 und die Geranien vom Balkon einer Münchner Wohnsiedlung. Ganz klar, der Künstler hat viel Wert darauf gelegt, in seinem Objekt das Kleinbürgerliche und das Phantastische in einem furiosen Nebeneinander zu kombinieren. Unterstützt wird dieser Eindruck, wenn der Blick auf die Unterkonstruktion der Space-Kapsel fällt. Ein profaner Autoanhänger mit Münchner Kennzeichen bildet das architektonische Fundament des artifiziellen Oberbaus und raubt dem verdutzten Beobachter erst einmal den Atem. Soll man angesichts dieser tollkühnen Kombination lachen oder irritiert beiseite schauen?

Gleichzeitig ist die handwerkliche Präzision der Kapsel-Nachbildung verblüffend. Der Künstler orientiert sich an Werken des Architektenteams Shimizu Corporation und Kawasaki, die zwischen 1989 und 1995 Mondhotels konstruierten. Und der Eingang ins Innere stimmt auf den Millimeter genau mit den Andock-Luken der Space Shuttles überein, durch die die Astronauten beim Schichtwechsel kriechen müssen. Als anregend für die „**Paradise Lost**" betitelte Außenarbeit kann man zudem den amerikanischen Science-Fiction-Film „Silent Running" (1972; dt. „Lautlos im Weltall") mit seinen biotopi-

Even the selection of plants inside the stranded spaceship is an example for the taste of German suburbanites: the artist Stefan Wischnewski asked his parents—perfect potential examples for average residents—for a set of their home-garden plants. The grass, however, is from the Bundesgartenschau 2005 [National Garden Show 2005], and the geraniums are from the balcony of a housing estate in Munich. Clearly, the artist has made an effort to forge a hot-blooded coexistence of petty bourgeoisie and fantasy. This impression is even enhanced by the substructure of the space capsule.
An ordinary trailer with a Munich license number serves as the architectural foundation of the artificial superstructure and leaves the dazzled viewers at a nonplus. Should one laugh at such a foolhardy combination, or be put off?

At the same time, the precision of the capsule replica is astonishing. The artist oriented himself by the works of the architect team Shimizu Corporation and Kawasaki who designed moon hotels from 1989 to 1995. The entrance is an exact copy of the Andock hatches of the space shuttles through which the astronauts have to crawl when they change shifts. Another inspiration for the outdoor work entitled **Paradise Lost** might also be the American science-fiction film Silent Running (1972) with its biotope space capsules.
It is worthwhile recapitulating its plot: all plants on earth have died, and the few that were left were loaded on a fleet of spaceships. They have been drifting through outer space for years, like a gigantic version of Noah's ark, waiting for a better future. There are four crew members on the spaceship

schen Raumkapseln in Betracht ziehen. Es lohnt sich, die Handlung kurz zu rekapitulieren: Alle Pflanzen auf der Erde sind zerstört, die wenigen, die es noch gibt, wurden auf eine Flotte von Raumschiffen gebracht. Diese treiben seit Jahren durch das Weltall, einer gigantischen Arche Noah gleich, auf eine bessere Zukunft wartend. Auf dem Raumschiff namens „Valley Forge" harren vier Besatzungsmitglieder aus, von denen sich aber nur einer, der Astronaut Freeman Lowell, der Pflege der Pflanzen mit Idealismus und voller Überzeugung widmet. Als die Besatzung von der Erde Nachricht erhält, dass ihr Projekt aufgegeben werden soll und sie den Befehl erhalten, die Glaskuppeln mit den Pflanzen zu sprengen, tötet Lowell seine Kollegen, die sich bereits an die Arbeit gemacht haben, und schickt die letzte verbliebene Kuppel

called „Valley Forge", but only one of them, the astronaut Freeman Lowell, devotedly and idealistically takes care of the plants. When the earth tells the crew that their project will be dropped and orders them to blow up the glass cupolas with the plants, Lowell kills his colleagues who have already set about executing the order and sends the last remaining cupola on an uncertain journey into outer space. Before an auxiliary spaceship from earth arrives, Lowell blows himself and the base ship up.

Yet, despite his admiration for the model, Stefan Wischnewski does not at all go along with the melancholy and yearning (music by Joan Baez) that underline this famous film. The „solar system" through which he drags his space cart is the quite earthly city centre of Munich. Eight times, he stopped over for a few days, tongue-in-cheek, for example in front of „Weltraum" [Universe], a restaurant in the Rumfordstrasse, or in front of the entrance to the Ramersdorf allotment-garden colony. There, he talked about the aim and intention of his spaceship model with the allotment gardeners.

The mobile sculpture **Paradise Lost** was created as part of the series „Ortstermine" (projects on art in public areas, organised by the state capital Munich). Visitors were allowed access around the clock. At night, a yellow LED light was switched on that made the object glow yellowishly from inside. Photographs that show the space capsule in different places in town give an idea of how confusing it must have been for passers by.

als abgeschlossenes Biotop auf eine ungewisse Reise ins All. Bevor ein Hilfsraumschiff von der Erde eintrifft, sprengt sich Lowell mit dem Basisschiff selbst in die Luft.
Auf die Melancholie und Sehnsucht (Musik von Joan Baez), die diesen berühmten Film trägt, steigt Stefan Wischnewski bei aller Bewunderung für die Vorlage jedoch keine Sekunde ein. Das „Sonnensystem", durch das er seinen Space-Karren zieht, ist die sehr irdische Münchner Innenstadt. Acht Mal machte er für ein paar Tage Station, mit viel Sinn für Humor etwa vor dem „Weltraum", einem Lokal in der Rumfordstraße, oder auch vor dem Eingang zur Ramersdorfer Schrebergarten-siedlung. Dort unterhielt er sich mit den Kleingärtnern über Sinn und Unsinn seines Weltraummodells.
Erarbeitet wurde die mobile Skulptur **„Paradise Lost"** im Rahmen der Reihe „Ortstermine" (Projekte zur Kunst im öffent-

It seems strangely out of place at the Bordeauxplatz or in the Alter Botanischer Garten. But, astonishingly, it looks as if it fitted in well on some of the other photographs, for instance on the one taken at the ZKMax on the occasion of an exhibition opening. Here, a kind of architectural pair-skating situation surprisingly develops between the space object and the notoriously off-putting subway in the Maximilianstraße.

The technique of reconstructing lofty science-fiction scenes with ordinary garden and do-it-yourself materials like a handyman has become Stefan Wischnewski's personal trademark. For quite some time, it has been running through his overall works like a golden thread. Even in his latest object, **Stargate** from 2006, this principle can be made out. Again, the inspiring model was an American science-fiction film:

lichen Raum, veranstaltet von der Landeshauptstadt München). Die Arbeit war Tag und Nacht zu besichtigen. Nachts schaltete sich eine gelbe LED-Beleuchtung ein, die das Objekt von innen heraus gelblich erstrahlen ließ. Fotografien, die die Space-Kapsel an verschiedenen Orten in der Stadt zeigen, lassen erahnen, wie irritierend das Werk auf zufällig vorübergehende Passanten gewirkt haben muss. Grotesk deplaziert wirkt es am Bordeauxplatz oder im Alten Botanischen Garten. Verblüffenderweise fügt es sich auf manchen anderen Fotografien homogen ins Umfeld ein, wie z.B. in der Aufnahme, die im ZKMax bei einer Vernissage gemacht wurde: Hier kommt es zwischen dem Space-Objekt und der berüchtigt abweisenden Unterführung der Maximilianstraße zu einem überraschenden architektonischen Paarlauf.

Pathetisch aufgeladene Science-Fiction-Szenarien mit gewöhnlichem Garten- und Heimwerkermaterialien in Hobbymanier nachbauen – dieses Prinzip hat Stefan Wischnewski zu seiner persönlichen Signatur entwickelt. Es zieht sich seit einiger Zeit wie ein roter Faden durch sein Gesamtwerk. Auch in dem jüngsten Objekt „**Stargate**" von 2006 lässt sich dieser Grundsatz gut nachvollziehen. Inspirierende Vorlage war auch hier ein amerikanischer Science-Fiction-Film, „Stargate" von 1994. Der Titel bezeichnet ein von Außerirdischen erbautes Portal, das die Reise in eine andere Galaxie ohne Zeitverlust (durch ein so genanntes Wurmloch) ermöglicht. Für den Nachbau eines solchen „Sternentors" hat sich Wischnewski wieder die Mentalität des Kleinparzellenpächters ausgeborgt und das Portal zu einer „aufgetunten" Gartenpforte transformiert.

Stargate from 1994. The title is the name of a portal built by extraterrestrials; it makes travelling to other galaxies possible in no time (through a so-called 'worm hole'). To reconstruct such a 'star gate', Wischnewski again took on the mentality of an allotment gardener and transformed the portal into an 'up-tuned' garden gate. The material is from a DIY store: wooden slats, hollow-chamber plates, aluminium rods, lorry tarpaulins, garden lamps. The housing-type object is only 90 cm high which is just about as high as a common garden fence. And its floor space of 3 x 4 meters meets the official German standards for greenhouses.

Stargate 2006
ca. 300x400x150cm, Alukonstruktion,
Hohlkammerplatten, Lkw-Plane, Holz, Lampen,
*alu-construction, plastic-hollowchamberpanel,
truck-awning, wood, lights*

Das Material stammt aus dem Baumarkt: Holzlamellen, Hohlkammerplatten, Alugestänge, Lkw-Plane, Gartenlampen. Die Höhe des gehäuseartigen Objekts misst gerade mal 90 cm und orientiert sich damit an den Maßen eines handelsüblichen Gartenzaunes. Und mit 3 x 4 Metern Grundfläche erfüllt das Bauwerk die DIN-Norm von Treibhäusern. Dabei erweckt die transparente fünfeckige Architektur einen Eindruck von skizzenhafter Leichtigkeit und irritierender Unnahbarkeit. Die Beleuchtung im vorderen Teil lässt das Objekt geradezu schwebend erscheinen. Im hinteren Teil werfen zwei LED-Strahler durch Lamellenwand und Lkw-Planen hindurch Lichtstreifen auf die Wand und sorgen so für eine futuristisch anmutende Raumatmosphäre. „**Stargate**" wirkt in der Tat wie ein Modell oder ein Prototyp für den intergalaktischen Weltraumgänger.

Mit utopischem und phantastischem Siedlertum und Science-Fiction-Architektur beschäftigt sich Stefan Wischnewski seit etwa zwei Jahren. In diesem Zusammenhang steht auch die Fotoserie „**Stay tuned**" von 2005, die das Motiv des Weltraumtourismus aufgreift und hier kurz erwähnt werden soll. In dieser sechsteiligen Arbeit, die an der schwedischen

Stay tuned 2005
Einwegkamera, Kleiderreisetasche, Weltempfänger, Reisetaschenlampe (Lambdaprint, Alu gerahmt 40x50cm)
one-way camera, travellers bags, world receiver, torch

And yet, the transparent architecture looks as light as an initial draft and confusingly unapproachable. On account of the lighting in the front part, the object almost seems to be hovering. Two LED spotlights in the rear part create stripes of light on the wall through the slat partition and the lorry tarpaulins, generating a somewhat futurist, spacy atmosphere. Indeed, **Stargate** does look like a model or prototype for the intergalactic space vehicle.

Stefan Wischnewski has been dealing with utopian and fantastic colonies and science-fiction architecture for roughly two years. His photo series **Stay tuned** from 2005 is part of this complex. It addresses space tourism and deserves being mentioned at this point. This six-part work that was done on the western coast of Sweden points to the first Hasselblad

Westküste entstanden ist, verweist der Künstler auf die erste Hasselblad-Mondkamera, die dort vor fast 50 Jahren für die Weltraumfotografie entwickelt wurde. Wischnewski hat das tragbare Kamerasystem für Astronauten in Hobbybauweise nachempfunden und für die Fotoserie vor wechselnden Kulissen platziert. Zusammengesetzt aus Alltagsgegenständen wie Reisetasche, Weltempfänger und Taschenlampe, erweckt die fabulöse Mondkamera eher dadaistische Assoziationen. Jeglichem Sinn entzogen, steht es auf staksigen drei Beinen in der schwedischen Landschaft herum: auf einem Golfplatz, in einem Boot, vor Containern etc. Transformiert in diese weltliche Umgebung mutiert die Hasselblad-Attrappe zu einem Außerirdischen, der sich gerade auf Landgang befindet.

Freizeitgesellschaft und Tourismus, Mobilität und Reisen: Das sind die grundlegenden Themen von Stefan Wischnewski, womit er sich zugleich im Diskurs vom modernen Künstler als Nomaden verortet und bewegt. Extreme Mobilität ohne feste Bezugspunkte, häufig wechselnde Standorte, ein Atelier bestenfalls auf Zeit, flüchtige und austauschbare Umstände – so lässt sich die zeitgenössische Künstlerexistenz charakterisieren. Oft besteht das Handwerkszeug nur noch aus einem Laptop, der gleichzeitig als Ideenpool, Visualisierungsplattform, Kommunikationsmittel und Archiv eingesetzt wird. Schnell zusammenzuklappen und für die Weiterreise zu verstauen, wie überhaupt der moderne Künstler seine „Zelte" jederzeit abbrechen und an anderer Stelle wieder aufbauen kann.

moon camera that was developed there for space photography almost fifty years ago. Wischnewski designed a DIY-version of the portable astronaut camera system and placed it in front of various scenes for the photo series. Made up of ordinary objects such as a holdall, a short-wave receiver, and a torch, the fabulous moon camera evokes Dadaist associations. Lacking all meaning, it stands around in different Swedish places on its three stalky legs: on a golf course, on a boat, in front of containers, etc. In this worldly environment, the Hasselblad mock-up is transformed into an extraterrestrial on leave.

Leisure society and tourism, mobility and travelling: those are the basic topics Stefan Wischnewski deals with, and by doing so, he takes up the discourse on the nomadic existence of modern artists and puts it into practice. Extreme mobility, no fixed reference points, frequently changing locations, a temporary studio at best, fleeting and exchangeable circumstances—that describes the life of contemporary artists. Often, their only tool is a laptop that is used as an idea pool, a visualisation platform, a means of communication, and an archive, all in one. Quickly collapsible and ready to stow away for the onward journey, it allows modern artists to strike their 'tent' and move on to somewhere else anytime.
Flexibility is not simply a progressive habit, but the attitude forged by today's art market, inescapable for all who strive for success and recognition in this field.

Solo Polo 2003
Ausstellungs Tour-Projekt *exhibition tour project*
www.netzhal.de/ausstellungen/solo-polo

Erlkönig
Lkw-Plane, Schaumstoff, Ösen
tarpaulin, foamed material, eyes

brake
Positionsmatte, Lkw-Plane, Reflektoren, Holz
position-mat, truck- awning, reflector, wood

1,3 m³ space
Holzbausatz, Stromanschluss, Kunstleder
wood, electric, screw, imitation leather

12.09.-18.09.2003 FOE 156 Gallery Oberföhringerstr. 156, 81925 München (D) • 02.10.-04.10.2003 Kunstraum B2, Baumwollspinnerei Spinnereistr. 7, 04179 Leipzig (D) • 16.10.-18.10.2003 _pool Stolzenthalergasse 6 im Hof links 1080 Wien (A) • 06.12.-07.12.2003 Werkraum Warteck pp (Kaskadenkondensator), Burgweg 7, 4058 Basel (CH) • 10.07.2004 Kunsthaus MERAN (Sparkassenplatz) Lauben163, 39012 Meran (I)

Solo Polo 2004
Boxenstopp *Pit stop* (Performance Hannes Gamper)
Video DVD

Flexibilität ist nicht nur ein aktueller Habitus, sondern die vom heutigen Kunstmarkt geprägte Lebenshaltung, zwingend vor allem für diejenigen, die hier nach Erfolg streben und sich durchsetzen wollen. Auf Tournee, auf der Piste, im Übergang – möglicherweise ohne jemals irgendwo anzukommen. Die Bewegung wird zur Existenzform. Abfahren, Ankommen, Aufbauen, Bespielen eines Ortes, Abbauen und wieder Weiterfahren.

On a tour, on the road, on the move—perhaps without ever arriving anywhere. Movement becomes their form of existence. They leave, arrive, mount, transform, dismount, and drive on.

On his **Solo-Polo** tour (2004), Stefan Wischnewski performed such an artist's life himself paradigmatically. For this purpose, he „tuned" his own runabout car in his usual DIY-manner. A wooden rack and a bizarre „spoiler-style" cover on the boot, made of a lorry tarpaulin, gave him the space he needed and turned the nippy little car into a mobile exhibition space. His trip from Munich to Leipzig, Vienna, Basle, and Merano took two-and-a-half weeks. His drop-in places were cooperating institutions. The artist stopped on their parking lots for one or two days, presented his exhibition and performed targeted actions, e. g. the performance Boxenstopp [Pit Stop] with the artist Hannes Gamper and a few „pit girls" in Merano. Wischnewski reacted to the local premises or people. After diminutive interventions, leaving infinitesimal traces behind, he left and went to his next gig. The flow of encounters as a form of art undermines the traditional notion of art in public areas which is mainly based on material, stationary presence, stability, and permanence (city furnishing). But Wischnewski acts like a lonesome cowboy who has swapped his horse for a souped-up runabout car. With a good deal of humour and self-irony, the artist reflects his own art program in this extensive performance, but also the self-image of nowadays artists and the mechanisms of presenting art.

In **Solo Polo**, patterns of art work were continued that already

Ein solches Künstlerdasein hat Stefan Wischnewski in seiner Performance-Tournee „**Solo-Polo**" (2004) selbst paradigmatisch durchgespielt. Für diesen Zweck „tunte" er den eigenen Kleinwagen in bewährter Hobbybastlermanier.
Ein Holzgestell und eine skurrile Verkleidung aus Lkw-Plane im „Spoiler Style" über dem Kofferraum sorgten für Platz und halfen, den kleinen Flitzer zum mobilen Ausstellungsraum umzumodeln. Zweieinhalb Wochen dauerte die Reise über München, Leipzig, Wien und Basel bis nach Meran. Anlaufstellen waren kooperierende Institutionen. Auf den jeweiligen Parkplätzen machte der Künstler ein bis zwei Tage Station, präsentierte seine Ausstellung und führte gezielte Aktionen durch, z.B. die Performance „Boxenstopp" mit dem Künstler Hannes Gamper und ein paar „Boxenludern" in Meran. Wischnewski reagierte am Ort des Geschehens auf die Räumlichkeiten oder er trat mit Menschen in Austausch. Nach kleinsten Eingriffen, minimale Spuren hinterlassend, entfernte er sich dann wieder zum nächsten Gig. Der Fluss der Begegnungen als Kunstform unterhöhlt so das traditionelle Verständnis von Kunst im öffentlichen Raum, die vor allem auf materielle ortsgebundene Präsenz, Stabilität und Dauerhaftigkeit setzt (Stadtraummöblierung). Dagegen gibt Wischnewski den lonesome Cowboy, der sein Ross gegen einen aufgemotzten Kleinwagen eingetauscht hat. Äußerst humorvoll und selbstironisch reflektiert der Künstler mit dieser ausgedehnten Performance sein eigenes künstlerisches Programm, aber auch das Selbstverständnis heutiger Künstlerexistenzen und die Mechanismen des Kunstvermittlung.

proved successful in **Swinger Tour**, Staffellauf [Relay Race], and One-Night-Stand. Those were projects by the art community '**Swinger**', founded by Stefan Wischnewski, Martin Wöhrl, and Wolfgang Stehle. Already in the year 2000, an information card announced: "Swinger... three golden boys on tour". And later, a video dealt with freedom and the big wide world, but also with the daily routine of artists who have to do everything by themselves although they act like music stars. On their way to the audience, carrying boxes, mounting and dismounting the ribbed-aluminium-sheet platform and the barriers ...

Flexibility and transportability are important features of the materials Stefan Wischnewski uses. They have to be hardwearing, pliable, foldable, light, and - above all - quick to mount and dismount. Easy-to-handle synthetic materials such as lorry tarpaulins, tent, backpack, or holdall fabrics are ideal for creating fleeting housings and space installations.

Stage Swinger-Tour 2000
Cargo Bar Basel, < rotor > Graz

Blue Hotel 2004
Eisengestell (verzinkt), Abdeckplane, Neonlampe, Sound
("Blue Hotel", Chris Isaaki, 10 sec. Loop)
iron construction, plastic sheeting, neon-light, sound

In „**Solo-Polo**" wurden Muster des künstlerischen Arbeitens weitergeführt, die sich bereits in „Swinger-Tour", „Staffellauf" und „One-Night-Stand" bewährt hatten. Das waren Projekte der Künstlergemeinschaft „**Swinger**", die Stefan Wischnewski mit Martin Wöhrl und Wolfgang Stehle gründete. Bereits 2000 kündigte eine Infokarte an: „Swinger … drei Goldene Jungs auf Tour". Und später erzählte ein Video von der Freiheit und der großen weiten Welt, aber auch vom Alltag der Künstler, die alles selbst machen müssen und sich gleichwohl wie Stars der Musikbranche inszenieren. Unterwegs zum Publikum, beim Kistenschleppen, beim Auf- und Abbau der Bühne aus geriffeltem Alublech samt Absperrungsvorrichtungen …

Beweglichkeit und Transportfähigkeit sind wichtige Qualitätsmerkmale, die Stefan Wischnewski von seinem Material fordert. Es muss strapazierfähig, biegsam, faltbar, leicht und vor allem schnell auf- und abbaubar sein. Handhabbare synthetische Materialien wie Lkw-Planen, Stoffe von Zelten, Rucksäcken oder Reisetaschen sind für ihn ideal, um flüchtige Gehäuse und Rauminstallationen zu schaffen. Dazu kommen Nieten, Ösen, Kordelbänder und ein Beleuchtungsensemble – doch zu letzterem später. Häufig zerlegt der Künstler das im Baumarkt erworbene Standardobjekt, wie zum Beispiel einen Arbeitshandschuh oder einen Tramperrucksack, indem er alle Nähte löst und die einzelnen Stoffteile neu und völlig unerwartet wieder zusammensetzt. Die Nähmaschine gehört zu Wischnewskis wichtigsten Arbeitsinstrumenten und hilft, das Ausgangsmaterial für seine Instant-Häuser, Schleusen oder sonstigen „skulpturalen Ereignisse" zu präparieren.

He also needs rivets, eyes, cords, and a set of lights - but we shall get to them later. Often, the artist takes the standard object purchased in a DIY-store apart, for example a utility glove or a hitchhiking backpack, by undoing all seams and sewing the individual parts of fabric together again in a new and completely unexpected way. His sewing machine is one of Wischnewski's most important tools; it helps him prepare the base material for his „instant houses", sluices, or other „sculptural events". There is a photograph showing the artist crouching on the bare floor. He is surrounded by cloths, textiles, and other materials while operating the sewing-machine pedal with his bare foot and guiding the fabric underneath the needle with his hands. There is something absolutely uncomfortable and tense about this posture. Wischnewski is not simply sitting there, relaxed. Rather, he is ready to jump up and look for utensils in some other corner of the room. Always ready to get up and go: that is not merely an artistic habit; it has become Stefan Wischnewski's nature. However, we can also sense the pragmatics in the way he does things and his fast and masterly workmanship. Wischnewski was originally trained as a tool mechanic, so he is a professional in dealing with machines and materials.
It is only natural for the artist to consider fleetingness the most important design principle in his aesthetic program. It has been the leitmotif of his works since 1998. In a more recent group of works that was done at the same time as the outer-space installations, he combines spatial objects that seem light and fleeting and are made of the proved materials described above with great density.

Es gibt eine Fotografie, die den Künstler auf dem blanken Fußboden hockend zeigt. Er ist umgeben von Tüchern, Geweben und anderen Materialien, mit dem nackten Fuß bedient er das Nähmaschinenpedal, die Hände führen den Stoff unter der Nadel her. Diese Haltung hat etwas ganz und gar Unbequemes und Angespanntes. Nur nicht hinsetzen und locker lassen, sondern sprungbereit sein, um jederzeit in einer anderen Ecke des Raumes nach Utensilien zu suchen. Immer auf dem Sprung sein ist nicht nur ein künstlerischer Habitus, sondern scheint Stefan Wischnewski in Mark und Bein übergegangen zu sein. Man ahnt aber auch die handwerkliche Pragmatik in der Durchführung und die schnelle und virtuose Vorgehensweise in der Verarbeitung.

Blue Lagoon 2002
Zelte, Abdeckplane, Lampen, Diaprojektion
tents, plastic sheeting, lights, slide-projection

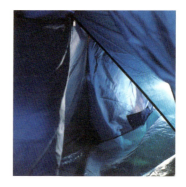

Wischnewski ist als gelernter Werkzeugmechaniker ein Profi im Umgang mit Maschinen und Werkstoffen.

Es ist nur konsequent, dass der Künstler die Flüchtigkeit als wichtiges gestalterisches Prinzip innerhalb seines ästhetischen Programms benennt. Sie durchzieht sein Schaffen seit 1998 geradezu leitmotivisch. In einer neueren Werkgruppe, die parallel zu den Weltraumstücken entstanden ist, fügt er leichte und eben flüchtig anmutende Raumobjekte, hergestellt aus den oben beschriebenen bewährten Materialien, in großer atmosphärischer Dichte zusammen. „**Blue Hotel**" von 2004 etwa ist eine Skulptur aus Abdeckplane und Eisengestell, die mit ihren schlauchartigen Verlängerungen an japanische Boxenhotels erinnert (in denen die Reisenden nur Platz zum Liegen haben, aber Stehen oder gar das Unterbringen von Koffern unmöglich ist). Hotels dieser Art sind aus westlicher Perspektive ein Ausdruck größter Anonymität und Zweckunterworfenheit. Wischnewskis „**Blue Hotel**" dagegen verweigert mit seiner unzugänglichen Einstiegsluke jegliche Nutzbarkeit. Blaues Neonlicht und der Song „Blue Hotel" (ein Zehn-Sekunden-Loop) von Chris Isaac lassen das Objekt als nicht von dieser Welt erscheinen und entrücken es in eine traumwandlerische Anderswelt.

Diese raumfüllende Inszenierung stellt über die Licht- und Soundeffekte deutliche Bezüge zu Filmen des amerikanischen Regisseurs David Lynch und seiner Kinoproduktionen „Blue Velvet", „Wild at Heart" oder auch „Mulholland Drive" her. Abgrundtiefe innere Leere, distanzierte und hemmungslose

Blue Hotel from 2004, for instance, is a sculpture made of a tarpaulin and an iron structure. Its hose-like extensions call box hotels in Japan to mind (in box hotels, guests have just enough room to lie down, but not to stand or even accommodate their luggage). From a western perspective, such hotels are a symbol of the greatest possible degree of anonymity and utilitarianism.
Wischnewski's **Blue Hotel**, however, denies utility altogether on account of its inaccessible entrance hatch.

Brutalität, Einsamkeit und die Sehnsucht nach Liebe treiben die Story und die Protagonisten seiner Filme voran. Krasse Perspektivwahl und surreale Farbgebung lassen die Schauplätze der Handlungen irritierend und verstörend wirken. Was noch zur konkreten filmischen Realität gehört und wo die Phantasie- bzw. Wahnwelten seiner Helden beginnen, lässt der Regisseur im Dunkeln. Es gibt letztlich keinen Moment der Ruhe und der Entspannung, denn jede Situation lässt Unangenehmes erwarten, der Zuschauer befindet sich in einem permanenten Zustand gespannter Aufmerksamkeit. In „**Blue Hotel**" zitiert und bearbeitet Wischnewski die Ästhetik der Filme des David Lynch und seiner Settings und Kulissen. Das obskure Objekt, das auch ein Schlund oder eine Schleuse in eine andere Welt sein könnte, beherrscht den großen Ausstellungsraum wie eine irreale Erscheinung. Eingetaucht in blaues Neonlicht, wirkt diese Skulptur – wie selten eine Arbeit von Stefan Wischnewski – distanziert und kühl. Während viele andere Werke des Künstlers allein schon über ihre Machart immer auch eine ironische Seite offenbaren und so die Kunst für den Betrachter angenehm erden, bleibt „**Blue Hotel**" mysteriös und unnahbar.

Neben solchen surrealen Bild- und Architekturmotiven, die Science-Fiction- und David-Lynch-Filmen entlehnt sind, zeigt die Installation „**Tulip Mania**" von 2005 einen weiteren Anspielungshorizont: Gemälde des 17. Jahrhunderts, holländische Blumenstillleben etwa von Jan van Os, Jan Brueghel oder Johannes Goedaert, deren perfekte räumliche Arrangements Stefan Wischnewski in einem äußerst eigenwilligen Nachbau

Blue neon light and the song „Blue Hotel" (a ten-second loop) by Chris Isaac make the object appear out of this world; it is transferred to a different, somnambular world.

The light and sound effects of this spacious production are clear references to films by the American producer David Lynch and his motion pictures Blue Velvet, Wild at Heart, or Mulholland Drive. All-consuming inner emptiness, distanced and unscrupulous brutality, lonesomeness, and the longing for love are the driving forces of his protagonists and films. Crass perspectives and surreal colours make the scenes irritating and distraught. The producer draws no clear lines between the hard facts of the film reality and the fantasies or delusions of his heroes. There is not a single quiet and relaxed moment. Each situation promises something unpleasant, and the viewers are permanently kept in suspense. In Blue Hotel, Wischnewski quotes and modifies the aesthetics of David Lynch's films, settings, and backgrounds. The obscure object that might be the jaws or sluice to another world dominates the large exhibition room like an unreal phenomenon. Dyed in blue neon light, this sculpture seems detached and icy, like no other of Stefan Wischnewski's works. Many of them display quite some irony, even in the way they are made, thus grounding the art and making it more pleasant for the viewer. But **Blue Hotel** remains mysterious and unapproachable.

While such surreal picture and architecture motifs are derived from science-fiction and David-Lynch films, the installation **Tulip Mania** from 2005 has a different point of reference:

dreidimensional aufleben ließ. So ist eine Art Guckkasten von 1,5 x 2 Metern entstanden, dessen Außenwände aus grüner Lkw-Plane genäht sind, und auf dessen Frontseite sich ein Fenster aus durchsichtiger Folie befindet. Im Inneren des Gehäuses, das an ein futuristisches Fernsehgerät denken lässt, sind an die hundert weiße Tulpen drapiert. Es sind Schnittblumen, die in einer mit Wasser gefüllten Schubkarre stehen und sich gegenseitig Halt geben. Die Tulpen wurden auf dem Hamburger Großmarkt gekauft und stammen natürlich – wie heutzutage fast alle Tulpen – aus holländischen Gewächshäusern. Das komplett abgeschlossene Gehäuse ist lediglich über einen Schnorchel mit der Außenwelt verbunden, der Frischluftzufuhr für die langsam vermodernden Pflanzen simuliert.

Der Titel der Installation „**Tulip Mania**" bezieht sich auf die „Tulpenmanie", die Ende des 16. Jahrhunderts Holland erfasste, als der österreichische Botaniker Carolus Clusius 1593 einen Ruf an die Universität von Leiden erhielt und die damals sehr exotische Blume im Gepäck hatte.

seventeenth-century paintings, Dutch flower still lives by Jan van Os, Jan Brueghel, or Johannes Goedaert, for instance. Stefan Wischnewski revives their perfect spatial arrangements three-dimensionally in an extremely wayward reproduction. He has made a kind of 1.5 x 3 metres large peep show box. Its outer walls are sewed of a green lorry tarpaulin, and on the front side, it has a see-through foil window. The inside of the housing that looks like a futurist television set is decorated with roughly one hundred white tulips. They are cut flowers standing in a wheelbarrow filled with water and supporting each other. The tulips were purchased at the Hamburg wholesale market, and they are from Dutch greenhouses, like almost all tulips are nowadays. The only connection between the completely sealed housing and the outside world is a snorkel that simulates the supply of fresh air for the slowly rotting plants.

The title of the installation, **Tulip Mania**, refers to the tulip mania that seized the Netherlands in the late sixteenth century, when the Austrian botanist Carolus Clusius was offered a chair at the University of Leiden in 1593 and brought along the then very exotic flower. Tulips were originally grown in Asia, and even today, they are the national flower of Turkey. In those days, they were considered the favourite flowers of the sultans. Around 1560, they were brought from Constantinople to Vienna. Clusius discovered them and had large amounts of seeds imported. He planted them in the imperial gardens and cultivated them. In the Netherlands, tulips quickly became a fashion flower and were produced on a large scale.

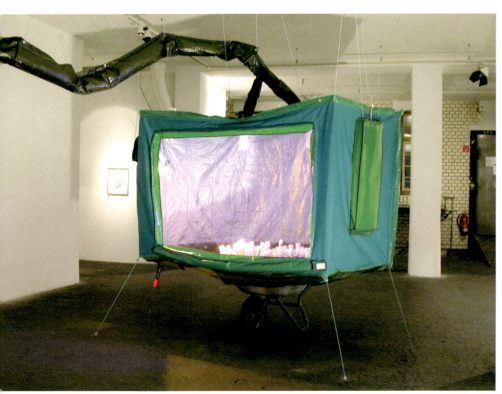

Tulip mania 2005
Still-life, Westwerk Hamburg
Schubkarre, Abdeckplane, Lampen, Schnittblumen
wheel barrow, plastic sheeting, lights, flowers

Hedera helix 2006
Still-life, Höhe *height* ca. 260cm
PP-Plane, Efeu, Lampen
pp-tarpaulin, evy, lamps

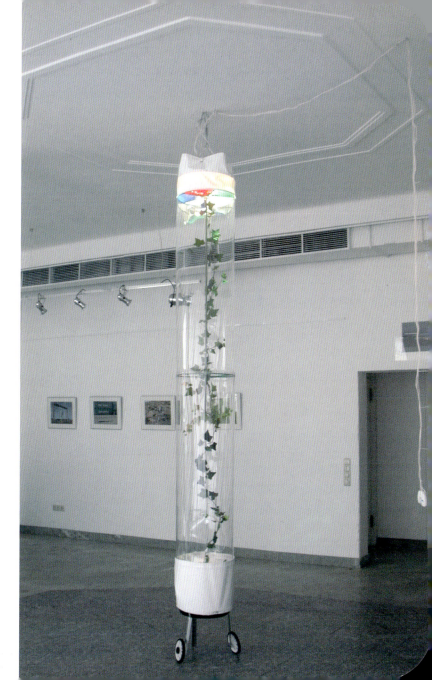

Die Tulpe, die ursprünglich aus Asien stammt, war in der Türkei beheimatet und ist dort bis heute die Nationalblume. Damals galt sie als die Lieblingsblume der Sultane. Um 1560 kam sie aus Konstantinopel nach Wien. Clusius entdeckte die Pflanze für sich und ließ Samen in großen Mengen importieren. Er pflanzte sie in den kaiserlichen Gärten und kultivierte sie. In den Niederlanden wurde die Tulpe dann rasch zu einer Modepflanze, die man im großen Stil gezüchtete. Mannigfaltige Arten entstanden, und die exotischsten Exemplare wurden zu begehrten und sehr teuer bezahlten Spekulationsobjekten. Gehandelt wurden die Zwiebeln zu jeder Jahreszeit, da aber die Blüte nur kurze Zeit währte, engagiere man Maler, die Blütenbilder anfertigten. Damals entstanden viele der berühmten Blumenstillleben der flämischen und holländischen Meister, die eben auch die begehrten Tulpen in allen Farben und Formen „künstlich" konservierten.

Für Stefan Wischnewski war es angesichts der heute üblichen Farbenvielfalt auf dem Tulpenmarkt ein echtes logistisches Problem, ausreichend schlichte weiße Tulpen für die Zwecke seiner Installation zu erwerben. Doch genau solche benötigte er für den entscheidenden ästhetischen Effekt seines futuristischen Treibhauses: Dieser bestand darin, mit UV-Licht und RGB-Strahlern (die die Farben des Lichts unterschiedlich mischen können) Lichtstimmungen zu erzeugen, die sich an den Farbpaletten der alten Meister orientieren. So erstrahlten Wischnewskis Tulpen in den verschiedensten Farbkompositionen, je nach dem, welches Stillleben die Vorlage bot.

Lichtschacht 2003

Fenster zum Hof 2004 temporary private installations

Ein Katalog mit den entsprechenden Gemälden lag aus, und die Besucher der Ausstellung konnten per Schaltpult ihre Lieblingsfarbmischung ansteuern.

Eine Auswechslung der welkenden Tulpen gab es während der sechswöchigen Ausstellung im Westwerk in Hamburg nicht. Sie schossen noch eine zeitlang ins Kraut, bis sie in eine Art mumifizierten Zustand übergingen und so bis zum Ende der Laufzeit erstarrten. In dieser furiosen Kombination aus Trash-Design, Hobbygärtnertum, kunsthistorischem Zitat und handwerklicher Meisterschaft schickte Stefan Wischnewski die Betrachter seiner Kunst einmal mehr auf eine phantastische Reise in die unendlichen Sphären diesseits und jenseits der Heimwerkermärkte und Schrebergärten dieser Welt.

Fensterrüssel 2003
Schapp - Der Effektenraum, Stuttgart
Dachfenster, PP-Plane, Wohnwageninnenverkleidung
roof window, pp-tarpaulin, camping interior

Many different kinds were grown, and the exotic types became sought-after and expensive objects of speculation. The bulbs were traded all around the year, but since the flowering time was short, artists were commissioned to paint pictures of them. In those days, many of the famous flower still lives by the Flemish and Dutch master-painters were done, some of which „artificially" preserved the sought-after tulips in all colours and forms.

For Stefan Wischnewski, it was indeed a logistical problem to obtain enough plain white tulips for his installation, in view of the multitude of colours on today's tulips market. And they had to be white to achieve the decisive aesthetic effect of his futurist greenhouse: illumination atmospheres oriented by the colour palettes of the old masters by means of UV light and RGB spotlights (which can mix the colours of light in different ways). Thus, Wischnewski's tulips shone in different colour compositions, depending on the still life that served as a model. A catalogue of the corresponding paintings was on display, and visitors to the exhibition were able to select their favourite colour mixture via a control desk.

The wilting flowers were not exchanged during the six-week exhibition in the Westwerk in Hamburg. For a while, they ran to leaf, but then they transformed to a somewhat mummified condition and remained like that until the exhibition closed. In this hot-blooded combination of trash design, hobby gardening, art-historical quotations, and handcraft skills, Stefan Wischnewski once again took the viewers of his art on a fantastic journey into the endless spheres of the world's DIY stores and allotment gardens and beyond.

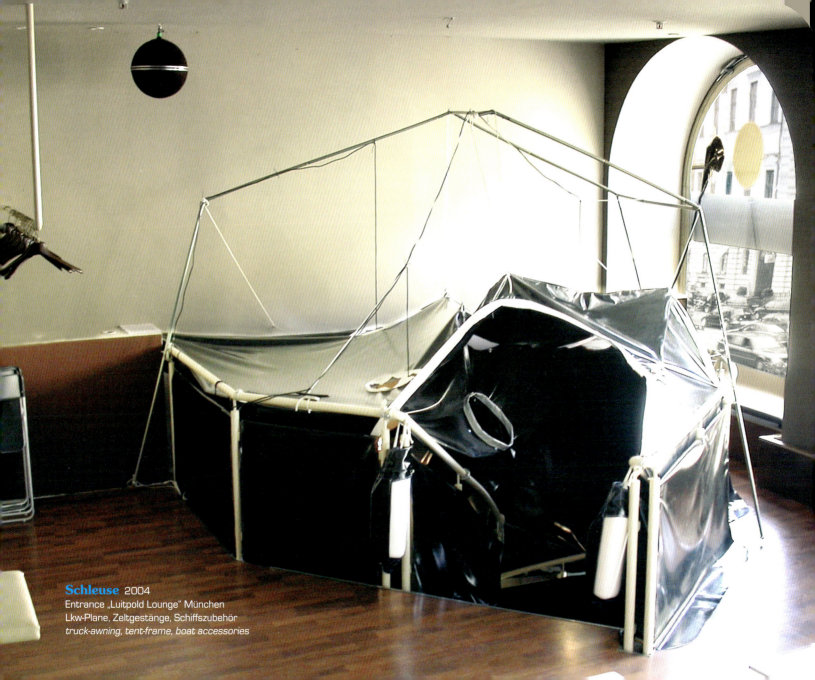

Schleuse 2004
Entrance „Luitpold Lounge" München
Lkw-Plane, Zeltgestänge, Schiffszubehör
truck-awning, tent-frame, boat accessories

Undercover 2002
Video DVD, 3:35 min.

Immöbilie 2003
Video DVD 3:20 min.

mOrt?
Rüdiger Belter

Wischnewskis Ausstellung „**Tatort**" greift einen Gegensatz auf, die den mini salon als eher ungewöhnlichen Ausstellungsort genauso kennzeichnet wie die zum TV-Urgestein gehörende Kriminalserie: privat versus öffentlich. Eine in ihren Maßen anthropomorphe Turnmatte, Bestandteil der theatralen Inszenierung im Büroraum, assoziiert die Vorstellung einer Kreidezeichnung auf dem Parkett eines bürgerlichen Milieus, auf das das Auge des Gesetzes seinen spurensichernden Blick heftet. Neben der kriminalistisch-erzählerischen Ebene reflektiert die Ausstellung aber auch den künstlerischen Produktionsprozess. Dieser beginnt mit der Dia-Archiv-Schau in der Küche, die eine Art mentalen Fundus des Künstlers repräsentiert. Die Aufbauphase dokumentiert ein großes Foto in der Installation. Zusammen mit den präsentierten Zeichnungen, die an Montage-Anleitungen und Handlungsanweisungen erinnern, ergibt sich ein komplexes Geflecht diachronischer Handlungsstränge mit unterschiedlichen Zeithorizonten - das Ganze nicht frei von Wischnewskis Humor!

Das Dia-Archiv stellt einen Bezug her zwischen der Arbeit Wischnewskis und der „realen" Welt. Es enthält zahlreiche Aufnahmen provisorischer Architekturen und fliegender Bauten wie Zelte, Pavillons, Markisen, Paravents oder Baustellensicherungen, denen das Konstruktionsprinzip aus Gestell und Plane gemeinsam ist. Sie scheinen zunächst einmal rein zweckgerichtete, ökonomische Lösungen zur Abwehr der Unbilden des Wetters wie Sonneneinstrahlung, Regen, Wind und Kälte. Wenn diese Bauweise mit ihrem offensichtlichen Anschein von Behelfsmäßigkeit dem Ewigkeitscharakter steingewordener Architektur auch konträr gegenübersteht, verzichtet sie dennoch nicht grundsätzlich auf Repräsentation und Symbolik beispielsweise mittels gestalterischem Bezug auf traditionelle, klassenspezifisch besetzte Bautypologien. Durch Regulierung von Einsehbarkeit und Zugänglichkeit vermögen solche Bauten zudem, wie herkömmliche Architektur auch, sozialen Raum zu organisieren. Die Einsichten, die Wischnewski aus einer genauen Beobachtung des Phänomens der ephemeren Bauten im Alltag gewinnt und die sich in seinem Archiv wiederspiegeln, macht er sich für sein eigenes Werk zunutze. Die abweichende Einsatzweise von Materialien in seinen Arbeiten, die wir stark mit meist Freizeitsituationen wie Camping, Festival- oder Zirkusbesuchen verbinden und die künstlerische Inszenierung sensibilisieren für Fragen

nach gesellschaftlichen Inszenierungen, Ritualen und dem Verhältnis von Funktion und Dekor in ihrer alltäglich-üblichen Verwendungsweise. Auch die beobachteten Gestaltungsprinzipien von Ökonomie, Flexibilität und Mobilität finden ihre Entsprechungen im Schaffen des Künstlers.
Vor dem Hintergrund einer sich flexibilisierenden Gesellschaft lässt sich sein Werk als Symptom, gleichwohl aber auch als eines ihrer Experimentierfelder verstehen.

Tatort (im Fall Belter) 2002
scene of crime, ca. 250x300x300cm
mixed media, mini salon München

Wischnewski's exhibition **Tatort** reflects a polarity that pertains as much to the mini salon, a somewhat unusual exhibition space, as it does to the classic German television detective series „Tatort": private versus public space. A gym mat - anthropomorphic in its dimensions and part of the office's theatrical staging – conjures up the idea of a chalk outline, drawn on the parquet floor of a middle-class milieu, onto which the eye of justice casts an investigative look. In addition to the criminological-narrative level, the exhibition reflects the artistic process of creation itself. It begins in the kitchen, with a slide-show of archive material - a kind of mental pool of the artist's thoughts and ideas. The assembly phase is documented by a large photograph within the installation. Together with the displayed drawings, which remind of instructions on assembly and conduct, the work evokes a complex network of diachronical strands with varying timelines - the entire work cannot escape Wischnewski's sense of humour!
The slide-show forges a link between Wischnewski's work and the „real" world. It includes numerous images of provisional architecture and such temporary buildings as tents, pavilions, awnings, screens or safety devices for construction sites. All share the common construction principle of support frames and tarpaulins. At first glance, they appear to be entirely functional and economical solutions, intended to shield from such weather conditions as direct sunlight, rain, wind and cold. Yet once this obviously makeshift construction is juxtaposed with the perpetual character of tangibly „built" architecture, it does not forgo basic representation and symbolism by, for example, artistically referencing traditional, class-specific building typologies. Furthermore, in regulating their visibility and accessibility, these constructions can organize social space just like conventional architecture.
The insights, which Wischnewski gains through the precise observation of fleeting constructions in everyday life, mirrored in his archives, serve to guide his entire work. Materials that we strongly associate with leisurely activities, like camping or visits to festivals and the circus, are used in unexpected ways. This and their artistic staging raises questions about societal productions, about rituals and the connection between function and décor in their typical, intended, everyday use. The observed maxims on construction - of economy, flexibility and mobility - are reflected in the artist's creation. Against the backdrop of a society which is becoming more and more flexible, the work can be understood as a symptom as well as one of its fields of experimentation.

MTSV-Sofa 2002
Sport- und Reisetaschen, Rucksäcke
sport- and travellers bags, backpacks
220x140x100cm

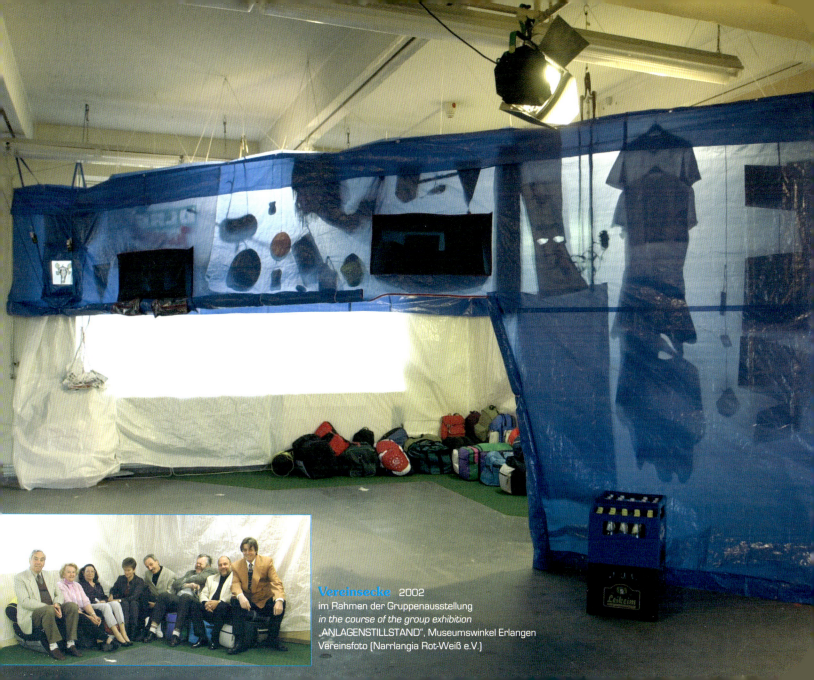

Vereinsecke 2002
im Rahmen der Gruppenausstellung
in the course of the group exhibition
„ANLAGENSTILLSTAND", Museumswinkel Erlangen
Vereinsfoto (Narrlangia Rot-Weiß e.V.)

Tramper 2004
Reiserucksack *travellers backpack*
220x60x250cm

Trolly 2004
Koffertrolly *suitcase*
220x100x100cm

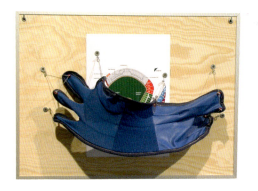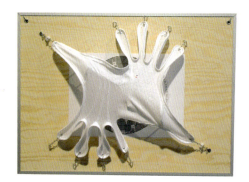

Architekturmodelle 2005
(Baseball Stadion, Eishalle, Theater, Arena, Oper)
40x56x10cm, Sitzplatzgrafiken, Handschuhe, Holz, Alu
(baseball stadium, ice hall, theatre, arena, opera)
seating plans, gloves, wood, aluminium

Grandmother's Lighthouse 2005
The Sailor's Tower, „Kvinna vid havet", Skansen
Crown (Fortress), öffentlicher Raum Göteborg
public space Gothenburg
Nachttisch, Stehlampe, Gardinen, Teppich
dessert, floor lamp, curtain, carpet

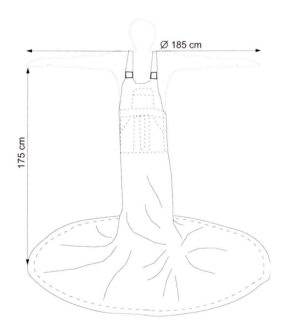

Arbeitsplatz 2001
Durchmesser 185cm, Höhe 175cm
diametre 185cm, height 175cm
Arbeitslatzhose, 100% Baumwolle
blue coverall 100% cotton

Das Glück auf meiner zweiten Haut
„The fortune on my second skin" 2003
Stick-Tattoo auf Jeansjacke (Anker, Herz, Name)
stiched tattoo on bluejeans jacket (anchor, heart, name)

Stefan Wischnewski

1974	geboren born in Neumünster (Germany)
	lebt und arbeitet in München lives and works in Munich
2006	Atelierstipendium • Künstlerhaus Lukas, Ahrenshoop
2005 - 2004	DAAD-Stipendium Schweden scholarship by the DAAD (German Academic Exchange Service) Sweden
	Schleswig-Holsteinisches-Künstlerhaus Eckernförde (Stipendium grant)
2003	Diplom • Ausstellungs-Tour-Projekt „Solo-Polo" (Projektförderung project-advancement Erwin and Gisela, Steiner Stiftung) Warteck Werkraum pp, Basel (Arbeitstipendium work-scholarship)
2002	ZKM/HfG Karlsruhe (Stipendium scholarship new media, Prof. Dieter Kiessling)
	netzhal.de Betreiber member (Künstlerplattform artist forum)
2001	Meisterschüler master student
2000	Erasmus/Socrates study, Helsinki (uiah university of art and design, academy of fine art helsinki)
	Tour-Projekt: „Swinger" Künstlergruppe artist group (Wolfgang Stehle, Stefan Wischnewski, Martin Wöhrl)
2002 - 1997	Studium an der Akademie der Bildenden Künste München academy of fine arts Munich
1996	Werkzeugmechaniker toolmaker (mechanic)

Kontakt wischnewski@gmx.net

Ausstellungen (Auswahl) exhibitions (selection)

2006 „International Young Sculptors" Fondazione Arnaldo Pomodoro, Milan •
„YBA" Gagosian Gallery, Berlin • "de-konstrukt", Galerie Lichtpunkt, Munich

2005 „Kabinett" Westwerk, Hamburg • „Paradise Lost" Ortstermine05, Munich •
„post_modellismus", Krinzinger Projekte, Vienna • „Goldene Zeiten", Mixküche Munich

2004 "Stubenrocker", im Rahmen von Passagen (Interior Design), Köln • „Glück" ACC-Galerie, Weimar •
„Dresscodes" Kunstverein, Neuhausen • „base camp" (netzhal.de), KunstMeran, Meran (I) •
"Prof. 23", BBK Gallery, Munich

2003 „now and forever", Luitpoldblock, Munich • „skulptorkiller" (netzhal.de), Schapp- Gallery, Stuttgart •
„Raumbesetzung"(Swinger), Shedhalle, Tübingen • „social fabric" Lothringer Dreizehn, Munich •
"one night stand"(Swinger) "Room of communication" • Performative Installation#3, Museum für
Gegenwartskunst, Siegen 2002 • „Anlagenstillstand" Museumswinkel, Erlangen • „warm up", Kunstverein
Landshut • „make up" ArtPraxis, Siemens artsprogram, Munich • "Tatort" mini salon Rüdiger Belter,
Munich • „wir hier" Lothringer 13, München

2001 „Soll ich oder soll ich nicht" Pavel House, Laafeld(A) • „Grenzüberschreitungen" Wissenschaftszentrum, Bonn •
„Satelliten"Maximiliansforum, Munich • „Freie Wahlen"(Swinger), Kunsthalle Baden-Baden

2000 „Swinger-Tour", Exhibition-Tour: Gallery at Kornhauskeller Ulm • 14-1 Galerie Stuttgart • <rotor> Graz (A) •
Gallery Caduta sassi • Munich, Gallery art Forum Meran (I) • Gallery 5020, Salzburg (A) • CargoBar Basel (CH) •
Gallery HEROLD Bremen • Barlach Halle K Hamburg • plattform, Berlin •
„ins"Haus der Kunst, Munich • „lobby" mobile-Video-Installation in Hotels, Helsinki

1999 artForum Gallery"windows99", Meran • Interio-Building "millegrazie", Stuttgart

1998 Installation Botanical Garden Munich

Bibliography bibliography

<rotor> 2001association for contemporary art, edition selene, S. 90-93 • Kunstforum 2003, B.166, S. 370-371 • „wir hier",
2003, Revolver Verlag, S. 70-77 • Performative Installation (Swinger) 2003, snoeck Verlag, S. 98-113 • Xtreme Interiors,
2003, Prestel Verlag, S. 58-61 • "Selbst ist die Kunst!" 2004 Kaskadenkondensator, Basel, edition fink • Xtreme Fashion,
2005, Prestel Verlag, S. 100-103 • post_modellismus, 2006, Krinzinger Projekte, S. 64

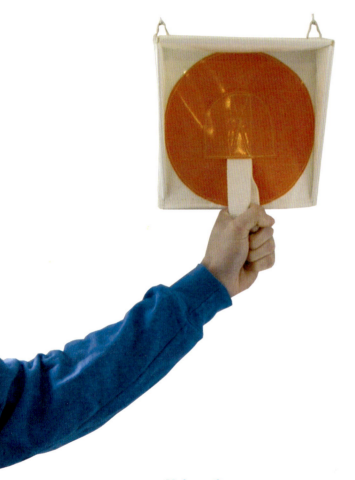

Haltemal Multiple 1999
24x24x10cm, PP-Plane genäht
sewed pp-tarpaulin

Dr. Susanne Meyer-Büser
geb. 1963 • Studium der Kunstgeschichte und Germanistik in Osnabrück • 1993 Promotion über die Bildnismalerei der zwanziger Jahre • 1993/94 Mitarbeit am Centre Pompidou, Paris • von 1994 - 2000 Kuratorin am Sprengel Museum Hannover • 1995 und 1998/99 freie Kuratorin für das Museum für Kunst und Gewerbe Hamburg und das Von der Heydt-Museum Wuppertal • 2001 - 2003 Kuratorin am Museum für Neue Kunst/ZKM Karlsruhe • 1997 2006 Kuratorin im kunstraum muenchen und von 2001 - 2006 erste Vorsitzende • seit 1997 Lehraufträge an der Universität Hildesheim, Hochschule für Gestaltung/Karlsruhe, derzeit an der Akademie der Bildenden Künste München • lebt und arbeitet als freie Kuratorin in München.

Rüdiger Belter
geb. 1963 in Duisburg • lebt als freier Kurator und Unternehmensberater in München • von 1998 bis 2006 Vorstand und Kurator beim kunstraum muenchen • seit 2002 betreibt er mit dem mini salon einen Projektraum in den eigenen Büro- und Wohnräumen.

Abba (Göteborg) 2005

Dank an:

L. und E. Wischnewski • S. Berger • D. Kufner • Mixküche
• netzhal.de • Swinger • Galerie Lichtpunkt • L. Johnson
• Jan & Thomas • DAAD (Deutscher Akademischer
Austausch Dienst e.V.)

Druck und Bindung: Medus, Meran
Gestaltung & Layout: Daniel Kufner, Stefan Wischnewski
Übersetzung: Leila Kais, Stefanie von Beöczy
Fotonachweis: Stefan Wischnewski, Jörg Koopmann S. 6

© 2006 Stefan Wischnewski
© 2006 Verlag Silke Schreiber, München
www.verlag-silke-schreiber.de
Auflage: 1.000 Stück
Printed in the EU

Die Deutsche Bibliothek - CIP-Einheitsaufnahme
Ein Titeldatensatz für diese Publikation ist bei der
Deutschen Bibliothek erhältlich.

Alle Rechte vorbehalten
ISBN 3-88960-083-2

Dieser Katalog erscheint anlässlich des DAAD
(German Academic Exchange Service) Stipendiums in
Skandinavien, sowie der Ausstellung „de-konstrukt" in
der GALERIE LICHTPUNKT - The Munich Art Gallery

Die Publikation wurde gefördert durch:

GALERIE LICHTPUNKT

Hothouses (Archiv) 2004 - 2006
Umschlaginnenseite hinten *cover backside*

Poser (Guld, Warhol, Abba) 2005
Rückseite *backside*